Der gepunktete Ball rollt durch das Buch.

Jack ist der Bruder der Zwillinge. Er mag Zahlen und zählt gerne alles nach.

Mr. Lost hat einen Stadtplan. Trotzdem ist es schwierig, den richtigen Weg zu finden. Hoffentlich schafft er es.

Das ist **Bob**. Manchmal trägt er einen Zopf.

Grace, das Kindermädchen, hat gerne viel Spaß.

Dieses
Wimmel- und Wörterbuch gehört:

____

Wir bedanken uns bei Stephanie Sommerfeld
für die Hilfe bei der Enstehung dieses Buches.

1 2 3 4 5 11 10 09

Illustrationen: Sonja Bougaeva
Text: Sandra Noa
Konzept der Reihe: Sandra Ladwig
Lektorat: Cordula Thörner
Herstellung: Petra Krück
Lithografie: Margit Dittes Media, Hamburg
Druck und Bindearbeiten: Zanardi, Italy
ISBN: 978-3-551-07207-8
Printed in Italy
www.carlsen.de

Mein großes Wimmel- und Wörterbuch

Englisch

Die Bilder hat gemalt

Sonja Bougaeva

und den Text hat geschrieben

Sandra Noa

CARLSEN

In unserer Straße
In our street

Schön, dich zu sehen. Nice to see you.
das Haus house
der Handstand handstand
spielen to play
Das ist ein schönes Bild. That is a nice picture.
die Frau woman
die Kinder children
die Katze cat
der Gehweg pavement
das Fahrrad bicycle

Meine Familie
My family

die Mutter
mother

der Vater
father

der Sohn
son

die Tochter
daughter

die Tante
aunt

der Onkel
uncle

die Nichte
niece

der Neffe
nephew

Mein Körper
My body

der Himmel
sky
die Schulter
shoulder
der Rücken
back
der Arm
arm
die Hand
hand
der Po
bottom
das Knie
knee
das Bein
leg
das Meer
sea
die Haare
hair
die Augenbraue
eyebrow
das Auge
eye
die Nase
nose
das Ohr
ear
die Zunge
tongue
die Wange
cheek
das Kinn
chin
die Haut
skin
der Ellbogen
elbow

Meine Kleidung
My clothes

der Schal
scarf

der Mantel
coat

etwas anziehen
to get dressed

die Strümpfe
stockings

die Unterhose
underpants

das Nachthemd
nightgown

der Schlafanzug
pyjamas

die Hausschuhe
slippers

die Handschuhe
gloves

der Badeanzug
bathing suit

das Hemd
shirt

der Pullover
pullover

das Unterhemd
vest

der Rock
skirt

die Mütze
woollen hat

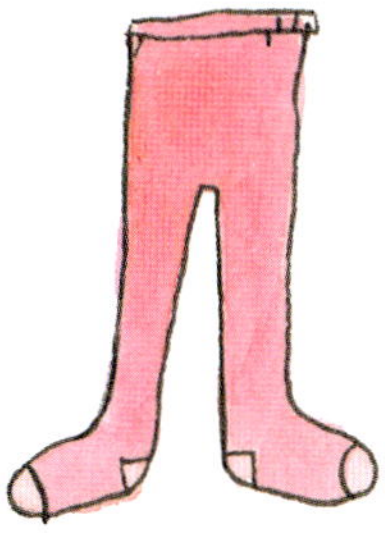

die Strumpfhose
tights

das Kleid
dress

die Socken
socks

die Hose
trousers

die kurze Hose
shorts

die Jacke
jacket

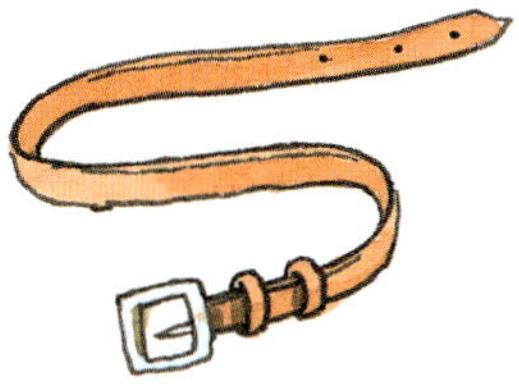

der Gürtel
belt

die Bluse
blouse

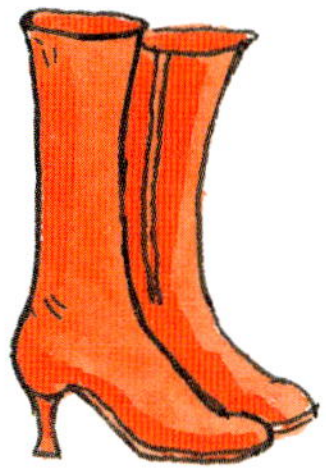

die Stiefel
boots

die Farben
colours

grün
green

blau
blue

rosa
pink

lila
purple

grau
grey

braun
brown

gelb
yellow

weiß
white

schwarz
black

rot
red

der Hut
hat

die Schuhe
shoes

Die Gefühle
Feelings

mutig
brave

stolz
proud

glücklich
happy

wütend
angry

traurig
sad

sich freuen
to be happy

sich erschrecken
to be frightend

Angst haben
to be afraid

überrascht sein
to be suprised

nachdenklich sein
to be thoughtful

Mein Zuhause
My home

der Dachboden
attic
das Badezimmer
bathroom
das Kinderzimmer
children's room
die Wand
wall
die Treppe
stairs
der Flur
hall
das Wohnzimmer
living room
die Tür
door
der Weg
path
der Fußboden
floor

Mein Zimmer
My room

Wie viele Bauklötze haben Lucy und Emily?
Wo ist Kater Nosy?

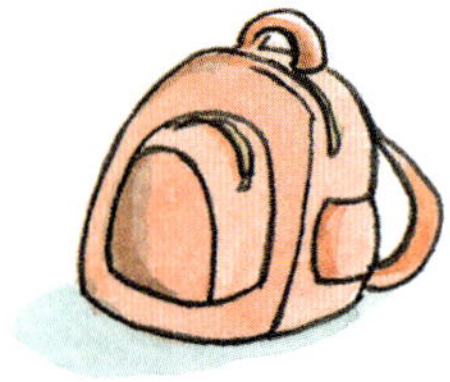

der Rucksack
backpack

das Puppenhaus
doll's house

der Wecker
alarm clock

der Ball
ball

die Halskette
necklace

das Puzzle
jigsaw puzzle

der Teddy
teddy bear

die Handpuppe
glove puppet

In der Küche
In the kitchen

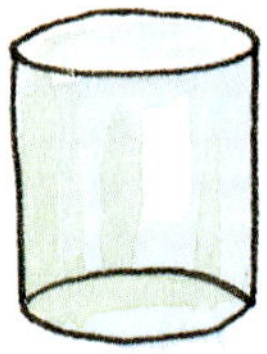

das Glas
glass

die Gabel
fork

der Löffel
spoon

das Messer
knife

die Schüssel
bowl

der Eierbecher
egg cup

die Tasse
cup

der Teller
plate

das Brett
chopping board

der Toaster
toaster

Essen und Trinken
Eating and drinking

der Schinken
ham

das Mehl
flour

die Limonade
lemonade

der Käse
cheese

der Saft
juice

der Reis
rice

das Brötchen
bread roll

der Apfel
apple

der Joghurt
yoghurt

Salz und Pfeffer
salt and pepper

die Butter
butter

der Tee
tea

das Wasser
water

die Wurst
sausage

die Kartoffel
potato

die Marmelade
jam

die Milch
milk

das Brot
bread

die Banane
banana

der Honig
honey

das Ei
egg

Im Badezimmer
In the bathroom

sich die Zähne putzen
to brush one's teeth

die Zahnpasta
toothpaste

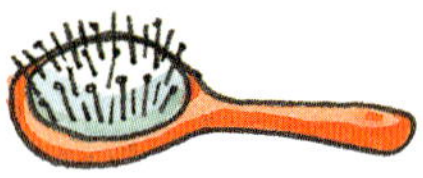

die Haarbürste
hairbrush

der Kamm
comb

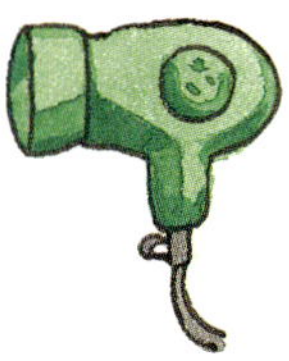

der Föhn
hairdryer

die Creme
cream

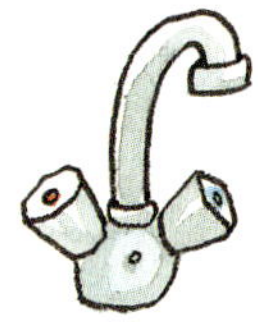

der Wasserhahn
tap

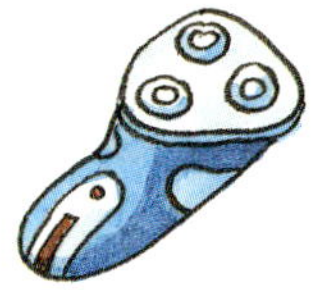

der Rasierapparat
shaver

der Waschlappen
washcloth

die Waage
scales

der Bademantel
bathrobe

Im Wohnzimmer
In the living room

die Lampe
lamp
die Tür
door
die Gardine
curtain
der Schalter
switch
das Telefon
telephone
der Fernseher
television set
tanzen
to dance
der Teppich
carpet
zählen
to count
das Baby
baby
die CD
compact disk
die Schildkröte
tortoise

Im Garten
In the garden

die Hecke
hedge
die Harke
rake
die Kartoffel
potato
die Tomate
tomato
der Kopfsalat
lettuce
die Zwiebel
onion
die Möhre
carrot
das Gemüsebeet
vegetable patch
die Erdbeere
strawberry
der Rasen
lawn

Tag und Nacht
Day and night

der Abend
evening
der Sonnenuntergang
sunset
das Abendessen
dinner
die Gutenachtgeschichte
bedtime story
schlafen gehen
to go to sleep

die Nacht
night
der Stern
star
dunkel
dark
der Mond
moon
schlafen
to sleep

Wochentage und Monate
Days and months

Die Jahreszeiten
Seasons

Frühling
spring

Sommer
summer

Winter
winter

Herbst
autumn

Im Kindergarten
In the kindergarten

der Rucksack
backpack
der Ausflug
excursion
das Blatt
leaf
die Kinder
children
der Korb
basket
die Pfütze
puddle

das Turnen
gymnastics
springen
to jump
rennen
to run
werfen
to throw
seilspringen
to skip
sich bücken
to bend down
der Purzelbaum
somersault

In der Schule
At school

die Klingel
bell
die Uhr
clock
der Buchstabe
letter
Aa
Bb
Cc
Dd
Jj
Kk
Ll
Mm
die Tafel
blackboard
4+4=8
3+5=
richtig
right
die Lehrerin
teacher
der Schwamm
sponge
sich melden
to raise your hand
der Schüler
pupil
denken
to think

In der Stadt
In town

die Telefonzelle
phone box
der Straßenmusiker
street musician
telefonieren
to phone
klatschen
to applaud
tanzen
to dance
der Kinderwagen
pram
spazieren gehen
to take a walk

post
die Post
post office
der Briefkasten
letterbox
L
M
S
schicken
to mail
das Paket
parcel

Auf der Straße
On the street

der Hubschrauber
helicopter
der Lebensmittelladen
grocery store
BÜCHER
die Ampel
traffic light
der Zebrastreifen
zebra crossing
BAHNHOF
die Bushaltestelle
bus stop
der Bahnhof
station
das Fahrrad
bicycle
warten
to wait

Im Supermarkt
In the supermarket

Was möchtest du?
What would you like?
Können Sie mir bitte etwas von dem Käse geben?
Can I have some of that cheese, please?
der Käse
cheese
Ich suche Obst und Gemüse.
I'm looking for fruit and vegetables.
Sie finden sie in der Ecke.
You can find them in the corner.
die Kassiererin
cashier
der Kunde
customer
die Kasse
cash desk
die Tasche
bag
das Förderband
conveyor belt
das Portemonnaie
wallet
die Eiscreme
ice cream

Auf dem Spielplatz
At the playground

die Rutsche
slide
die Bank
bench
Verstecken spielen
to play hide and seek
weinen
to cry
hinfallen
to fall over
sitzen
to sit
jemanden ärgern
to tease someone
das Dreirad
tricycle

Sport
Sports

Judo
judo

Fußball
soccer

Tennis
tennis

der Tennisschläger
tennis racket

Basketball
basketball

der Korb
basket

der Trainer
coach

Ballett
ballet

Schwimmen
swimming

Musik
Music

die Trompete
trumpet

das Cello
cello

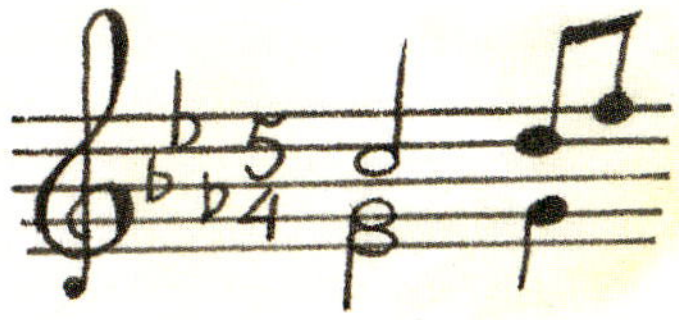

die Note
note

singen
to sing

die Geige
violin

die Querflöte
transverse flute

das Akkordeon
accordion

das Schlagzeug
percussion

die Mundharmonika
mouth organ

das Klavier
piano

die Blockflöte
recorder

die Gitarre
guitar

Die Tiere
Animals

der Löwe
lion
der Bär
bear
das Känguru
kangaroo
die Ziege
goat
das Junge
cub
die Löwin
lioness
die Kuh
cow
das Meerschweinchen
guinea pig
das Schaf
sheep
das Huhn
hen
die Giraffe
giraffe
das Nashorn
rhinoceros
die Schlange
snake

Die Pflanzen
Plants and trees

Die Berufe
Professions

der Feuerwehrmann
fireman

der Maurer
bricklayer

der Friseur
hairdresser

der Polizist
policeman

die Schauspielerin
actress

der Bäcker
baker

die Tierpflegerin
zookeeper

die Malerin
painter

der Büroangestellte
clerk

die Bäuerin
farmer

die Krankenschwester
nurse

die Ärztin
doctor

Der Frühling
Spring

März **March**	April **April**	Mai **May**

Der Sommer
Summer

Juni
June

Juli
July

August
August

Der Herbst
Autumn

September **September**	Oktober **October**	November **November**

Der Winter
Winter

Dezember December	Januar January	Februar February

Erste Sätze
Beginners

Hallo, ich heiße Lisa.
Wie heißt du?
Hello, my name is Lisa.
What is your name?

Wie gefällt dir
diese Hose?
How do you like
these trousers?

Wo ist mein Schlüssel?
Where is my key?

Was magst du lieber?
What do you prefer?

Ich bin müde.
I'm tired.

Mir ist sehr kalt.
I am freezing.

Gute Besserung!
Get well soon!

Wo bekomme ich
einen Blumenstrauß?
**Where do I get
a bunch of flowers?**

Ich habe Durst.
I'm thirsty.

Ich habe Hunger.
I'm hungry.

Kannst du mir bitte helfen?
Can you help me, please?

Herzlichen Glückwunsch
zum Geburtstag.
Happy birthday.

Die Zahlen
Numbers

1 eins – one
2 zwei – two
3 drei – three
4 vier – four
5 fünf – five
6 sechs – six
7 sieben – seven
8 acht – eight
9 neun – nine
10 zehn – ten
11 elf – eleven
12 zwölf – twelve
13 dreizehn – thirteen
14 vierzehn – fourteen
15 fünfzehn – fifteen
16 sechzehn – sixteen
17 siebzehn – seventeen
18 achtzehn – eighteen
19 neunzehn – nineteen
20 zwanzig – twenty

100 hundert – one hundred
1000 tausend – one thousand

Die Uhrzeit
Time

9 Uhr
9 o'clock

9.15 Uhr
a quarter past nine

9. 30 Uhr
half past nine

9. 45 Uhr
a quarter to ten

Die Formen
Shapes

Die Gegensätze
Opposites

klein
small

groß
big

dick
fat

dünn
thin

gerade
straight

krumm
bent

kurz
short

lang
long

dunkel
dark

hell
bright

laut
loud

leise
quiet

jung
young

alt
old

warm
warm

kalt
cold

Auf Wiedersehen!
Good bye

der Abschied
farewell

Pass auf dich auf.
Take care.
Bis später.
See you later.
Tschüs
Bye

Wörterliste

A
Abend, der 27
Abendessen, das 27
Abschied, der 58
acht 54
achtzehn 54
Affe, der 44
Akkordeon, das 43
alt 5, 57
Ampel, die 37
Angst haben 11
anhalten 34
Anspitzer, der 32
anstehen 34
Apfel, der 18
April 28, 48
Arbeitszimmer, das 12
Arm, der 7
Ärztin, die 47
Ast, der 46
aufwachen 26
Auf Wiedersehen 58
Auge, das 7, 28, 49
Augenbraue, die 7
August 28, 49
Ausflug, der 31
ausziehen 4
Auto, das 36

B
Baby, das 5, 23
backen 17
Bäcker, der 47
Bäckerei, die 34
Badeanzug, der 8
Badelatschen, die 21
Bademantel, der 21
Badewanne, die 21
Badezimmer, das 13
Bahnhof, der 37
Balkon, der 12
Ball, der 14
Ballett 42
Banane, die 19
Bank, die 41
Bär, der 45
Basketball 42
Bauch, der 6
Bauchnabel, der 6
bauen 30
Bäuerin, die 47
Bauklotz, der 14
Baum, der 2, 24, 46
Baumhaus, das 24
Baumstamm, der 46
Bein, das 7
Berufe, die 47
Bett, das 15
Biene, die 49
Bild, das 22, 30
Blatt, das 31, 46, 50
Blätter, die 50
blau 9
blaue Himmel, der 49
Blatt Papier, das 30
Blätter, die 50
Bleistift, der 32
Blockflöte, die 43
blühen 48
Blume, die 22, 46
Blumenbeet, das 24
Bluse, die 9
Blüte, die 46, 48
Boot, das 30
braun 9
Brett, das 17
Briefkasten, der 35
Brot, das 19, 34
Brötchen, das 18
Bruder, der 5
Brust, die 6
Buch, das 14, 30
Bücherregal, das 14
Buchstabe, der 33
Buntstift, der 30
Büroangestellte, der 47
Busch, der 46
Bushaltestelle, die 37
Butter, die 19

C
CD, die 23
CD-Spieler, der 22
Cello, das 43
Cousin, der 4
Cousine, die 4
Creme, die 21

D
Dach, das 12
Dachboden, der 13
denken 33
Denkmal, das 36
Dezember 28, 51
dick 57
Dienstag 28
Donnerstag 28
Dose, die 38
Drachen, der 50
drei 54
Dreieck, das 56
Dreirad, das 41
dreizehn 54
dunkel 27, 57
dünn 57
Dusche, die 21

E
Ei, das 19
Eiche, die 46
Eichel, die 46, 50
Eichhörnchen, das 50
Eierbecher, der 17
Eimer, der 40
Einkaufswagen, der 38
eins 54
Eintrittskarte, die 34
Eis, das 49, 51
Eiscreme, die 39
Elefant, der 44
elf 54
Ellbogen, der 7
Ente, die 44
Erdbeere, die 25
Erdgeschoss, das 12
Erste Sätze 52
Essen, das 18
Esszimmer, das 12
etwas anziehen 8

F
Fahrrad, das 3, 37
Familie, die 4
Farben, die 9
Februar 28, 51
Federbett, das 14
Fernbedienung, die 22
Fernseher, der 23
Feuerwehrauto, das 36
Feuerwehrmann, der 47
Finger, der 6
Fisch, der 44
Flugzeug, das 14
Flur, der 13
Formen, die 56
Föhn, der 20
Förderband, das 39
fragen 32
Frau, die 3
Freitag 28
Friseur, der 47
Frosch, der 24
Frühling, der 29, 48
Frühstück, das 26
Füller, der 32
fünf 54
fünfzehn 54
Fuß, der 6
Fußball 42
Fußboden, der 13
Füße, die 6

G
Gabel, die 16
Gänseblümchen, das 46
Gardine, die 23
Garten, der 24
Geburtstagskuchen, der 4
Geburtstagsfest, das 5
Gefühle, die 10
Gegensätze, die 57
Gehweg, der 3
Geige, die 43
gelb 9
Gemüse, das 38
Gemüsebeet, das 25
gerade 57
Geschenk, das 5
Geschirrtuch, das 16
Gesicht, das 6
Gießkanne, die 24
Giraffe, die 45
Gitarre, die 43
Glas, das 16
glücklich 10
grau 9
groß 57
Großmutter, die 5
Großvater, der 4
grün 9
Gutenachtgeschichte, die 27
Gürtel, der 9

H
Haarbürste, die 20
Haare, die 7
Hals, der 6
Halskette, die 15
Hamster, der 44
Hand, die 7
Handpuppe, die 15
Handschuh, der 51
Handschuhe, die 8
Handstand, der 3
Handtuch, das 21
Harke, die 25
Hase, der 44
Haus, das 3,
Hausschuhe, die 8
Haut, die 7
Hecke, die 25
Heft, das 32
hell 57
Hemd, das 8
Herbst, der 29,
Herd, der 16
herunterfallen 50
Himmel, der 7
hinfallen 41
Hitze, die 49
Hochzeitstorte, die 34
Honig, der 19
Hose, die 9
Hubschrauber, der 37
Huhn, das 45
Hund, der 2,
hundert 54
hungrig 26
Hut, der 9

I
Igel, der 50

J
Jacke, die 9
Jahreszeiten, die 29
Januar 28
jemanden ärgern 41
Joghurt, der 18
Judo 42
jung 4,

Junge, das 45
Junge, der 2
Juni 28, 49
Juli 28, 49

K

kalt 57
Kamm, der 20
Känguru, das 45
Kaninchen, das 44
Kartoffel, die 19, 25
Käse, der 18, 39
Kasse, die 39
Kassiererin, die 39
Kastanie, die 50
Kastanienbaum, der 46
Katze, die 3, 44
Kekse, die 34
Kerzen, die 5
Kinder, die 3, 31
Kindergarten, der 30
Kinderwagen, der 35
Kinderzimmer, das 13
Kinn, das 7
Kino, das 34
Kirche, die 36
klatschen 35
Klavier, das 43
Klebeband, das 30
Klebstoff, der 30
Klee, der 46
Kleid, das 9
Kleiderschrank, der 15
Kleidung, die 8
klein 57
Klettergerüst, das 40
klettern 40
Klingel, die 33
Knie, das 7
Knospe, die 48
kochen 16
Kommode, die 14
Kopf, der 6
Kopfkissen, das 14
Kopfsalat, der 25
Korb, der 31, 42
Krankenschwester, die 47
Krankenwagen, der 36
Kreis, der 56
krumm 57
Küche, die 12, 16
Kuchenform, die 17
Kugel, die 56
Kuh, die 45
Kühlschrank, der 16
Kunde, der 39
kurz 57
kurze Hose, die 9
Kuscheltier, das 15

L

Lampe, die 23
Landkarte, die 32
lang 57
laut 57
Lebensmittelladen, der 37
lecker 34
Lehrerin, die 33
leise 57
Libelle, die 24
Liegestuhl 24
lila 9
Limonade, die 18
Lineal, das 32
LKW, der 36
Löffel, der 16
Löwe, der 45
Löwenzahn, der 46
Löwin, die 45
Luftballon, der 5, 15

M

Mädchen, das 2
Mai 28, 48
malen 14, 30
Malerin, die 47
Marktplatz, das 36
Marmelade, die 19
Mann, der 2
Mantel, der 8
März 28, 48
Maurer, der 47
Meer, das 7
Meerschweinchen, das 45
Mehl, das 18
Messer, das 16
Milch, die 19
Mittag, der 26
Mittagessen, das 26
Mittwoch 28
Möhre, die 25
Mond, der 27
Montag 28
Morgen, der 26
Motorrad, das 36
Möwe, die 6
Mund, der 6
Mundharmonika, die 43
Musik, die 43
mutig 10
Mutter, die 4
Mütze, die 8

N

nachdenklich sein 11
Nacht, die 27
Nachthemd, das 8
Nashorn, das 45
Nase, die 7
nass 21
Neffe, der 5
neun 54
neunzehn 54
Nichte , die 5
Note, die 43
November 28, 50

O

Ofen, der 16
Ohr, das 7
Oktober 28, 50
Onkel, der 5
Osterei, das 48
Osterhase, der 48
Ostern 48

P

Paket, das 35
Papierkorb, der 15
Park, der 36
Pfanne, die 16
Pferd, das 44
Pflanzen, die 46
Pfütze, die 31
Pilz, der 46
Pinsel, der 30
Piratenflagge, die 30
Plakat, das 34
Po, der 7
Polizist, der 47
Portemonnaie, das 39
Post, die 35
Pullover, der 8
Puppe, die 14
Puppenhaus, das 14
Purzelbaum, der 31
Puzzle, das 15
Pyramide, die 56

Q

Quadrat, das 56
Querflöte, die 43

R

Radiergummi, der 32
Rasen, der 12, 25
Rasierapparat, der 21
rechnen 32
Rechteck, das 56
Regal, das 17, 38
Reis, der 18
rennen 31
richtig 33
Rock, der 8
rosa 9
Rose, die 46
rot 9
Rücken, der 7
Rucksack, der 14, 31
rühren 16
Rutsche, die 41

S

Saft, der 18
Salz und Pfeffer 18
Samstag 28
Sandkasten, der 40
sauber 21
Schaf, das 45
Schal, der 8
Schalter, der 23
Schatten, der 49
Schaufenster, das 34
Schaukel, die 24, 40
schaukeln 40
Schaum, der 21
Schauspielerin, die 47
Schere, die 30
schicken 35
Schildkröte, die 23, 44
Schinken, der 18
Schlafanzug, der 8
schlafen 27
schlafen gehen 27
Schlafzimmer, das 12
Schlagzeug, das 43
Schlange, die 45
Schlitten, der 51
Schlittschuh, der 51
Schmetterling, der 5
schmutzig 21
Schnee, der 51
Schneeball, der 51
Schneemann, der 51
schneiden 30
Schornstein, der 12
schreiben 32
Schreibtisch, der 14
Schuhe, die 9
Schüler, der 33
Schülerin, die 32
Schüssel, die 16
Schule, die 32
Schultasche, die 32
Schulter, die 7
Schwamm, der 33
schwarz 9
Schwein, das 44
Schwester, die 4
Schwimmbad, das 49
Schwimmen 42
sechs 54
sechzehn 54
Seife, die 21
seilspringen 31
September 28, 50
Sessel, der 22
sich bücken 31
sich beeilen 55
sich die Zähne putzen 20
sich erschrecken 11
sich freuen 11
sich melden 33
Sieb, das 17
sieben 54
siebzehn 54
singen 43
sitzen 22, 41
Skier, die 51
Socken, die 9
Sofa, das 22
Sohn, der 4
Sommer, der 29, 49
Sonnenaufgang, der 26
Sonnenblume, die 46

Sonnencreme, die 49
Sonnenschirm, der 24
Sonnenuntergang, der 27
Sonntag 28
spazieren gehen 35
Spiegel, der 20
spielen 3, 15
Spielplatz, der 40
Spielzeugkiste, die 15
Sport, der 42
springen 31
Sprungbrett, das 49
Spülbecken, das 17
Stadt, die 34
Stein, der 24
Stern, der 27, 56
Stiefel, die 9
Straße, die 2, 36
Straßenmusiker, der 35
Strauch, der 48
Strümpfe, die 8
Strumpfhose, die 9
Supermarkt, der 38
Suppenkelle, die 16
stolz 10
Sturm, der 50
suchen 48

T

Tafel, die 33
Tag und Nacht 26
Tanne, die 46
Tante, die 5
tanzen 23, 35
Tapete, die 22
Tasche, die 39
Tasse, die 17
tausend 54
Teddy, der 15
Tee, der 19
Teich, der 24
Telefon, das 23
telefonieren 35
Telefonzelle, die 35
Teller, der 17
Tennis 42
Tennisschläger, der 42
Teppich, der 23
Terrasse, die 12
Tiere, die 41
Tierpflegerin, die 47
Tiger, der 44
Tisch, der 22
Tischdecke, die 26
Toaster, der 17
Tochter, die 4
Toilette, die 20
Toilettenbürste, die 20
Toilettenpapier, das 20
Tomate, die 25
Topf, der 16
Topflappen, der 17
Trainer, der 42
traurig 10
Treppe, die 13
trinken 18
trocken 20
Trompete, die 43
Tulpe, die 46
Tür, die 2, 13, 23
Turnen, das 31

U

überrascht sein 11
Uhr, die 22, 33
Uhrzeit, die 55
Unterhemd, das 8
Unterhose, die 8

V

Vater, der 4
Verkehrsschild, das 36
Versteck, das 48
Verstecken spielen 41
vier 54
vierzehn 54
Vogel, der 2

W

Waage, die 21, 38
Wand, die 13
Wange, die 7
warm 57
warten 34, 37
Waschbecken, das 20
Waschlappen, der 21
Wasser, das 19, 49
Wasserhahn, der 21
Wecker, der 14, 26
Weg, der 13
Weihnachtsbaum, der 51
Weihnachtsmann, der 51
weinen 41
weiß 9
werfen 31
Wiese, die 49
Wind, der 50
Winter, der 29, 51
Wippe, die 40
Wochenmarkt, der 36
Wohnzimmer, das 13
Würfel, der 56
Wurst, die 19
wütend 10

Z

Zahlen, die 54
zählen 23
Zahnpasta, die 20
Zaun, der 2
Zebrastreifen, der 37
Zeh, der 6
zehn 54
Zeitschrift, die 38
Ziege, die 45
Zimmer, das 14
Zug, der 15
Zuhause, das 12
Zunge, die 7
zwanzig 54
zwei 54
Zweig, der 46
Zwiebel, die 25
Zwillinge, die 2
zwölf 54

Dictionary

A

accordion 43
acorn 46, 50
actress 47
aeroplane 14
to be afraid 11
alarm clock 14, 26
ambulance 36
angry 10
animals 44
to applaud 35
apple 18
April 28, 48
arm 7
armchair 22
to ask 32
attic 13
August 28, 49
aunt 5
autumn 29, 50

B

baby 5, 23
back 7
backpack 14, 31
bag 39
to bake 17
baker 47
bakery 34
balcony 12
ball 14, 56
ballet 42
balloon 5, 15
banana 19
basket 31, 42
basketball 42
bathing suit 8
bathrobe 21
bathroom 13, 20
bathtub 21
bear 45
bed 15
bedroom 12
bedtime story 27
bee 49
beginners 52
bell 33
belt 9
bench 41
bent 57
to bend down 31
bicycle 3, 37
big 57
bird 2
birthday cake 4
birthday party 5
biscuits 34
black 9
blackboard 33
to bloom 48
blossom 46, 48
blouse 9
blue 9
blue sky 49
boat 30
body 6
book 14, 30
bookshelf 14
boots 9
bottom 7
bowl 16
boy 2
branch 46
brave 10
bread 19, 34
bread roll 18
breakfast 26
bricklayer 47
bright 57
brother 5
brown 9
brush 30
to brush one's teeth 20
bucket 40
bud 48
to build 30
bunch of flowers 53
bush 46
bus stop 37
butter 19
butterfly 5
bye 59

C

cake tin 17
to calculate 32
candles 5
car 36
carpet 23
carrot 25
cash desk 39
cashier 39
cat 3, 44
cd-player 22
cello 43
cheek 7
cheese 18, 39
chest 6
chestnut 46, 50
chest of drawers 14
children 3, 31
children's room 13
chimney 12
chin 7
chopping board 17
Christmas tree 51
church 36
cinema 34
circle 56
clean 21
clerk 47

to climb 40
climbing frame 40
clock 22, 33
clothes 8
clover 46
coach 42
coat 8
cold 57
coloured pencil 30
colours 9
comb 20
compact disk 23
conveyor belt 39
to cook 16
to count 23
cousin 4
cow 45
cream 21
to cry 41
cub 45
cube 56
cuddly toy 15
cup 17
curtain 23
customer 39
to cut 30

D

daisy 46
to dance 23, 35
dandelion 46
dark 27, 57
daughter 4
day and night 26
days and months 28
December 28, 51
deck chair 24
desk 14
dining room 12
dinner 27
dirty 21
diving board 49
doctor 47
dog 2, 44
doll 14
doll's house 14
door 2, 13, 23
dragonfly 24
to draw 14
drawing 30
dress 9
dry 20
duck 44
duvet 14

E

ear 7
to eat 26
Easter 48
Easter bunny 48
Easter egg 48
eating and drinking 18
egg 19
egg cup 17
eight 54
eighteen 54
elbow 7
elephant 44
eleven 54
evening 27
excursion 31
exercise book 32
eye 7
eyebrow 7

F

face 6
to fall 50
to fall over 41
family 4
farewell 58
farmer 47
fat 57
father 4
Father Christmas 51
February 28, 51
feelings 10
feet 6
fence 2
fifteen 54
finger 6
fire engine 36
fireman 47
fir tree 46
fish 44
five 54
flip-flops 21
floor 13
flour 18
flower 22, 46
flowerbed 24
flute 43
foam 21
foot 6
fork 16
four 54
fourteen 54
Friday 28
fridge 16
to be frightend 11
frog 24
frying pan 16

G

garden 24
to get dressed 8
giraffe 45
girl 2
glass 16
glove 51
glove puppet 15
gloves 8
glue 30
goat 45
Good bye 58
to go to sleep 27
grandfather 4
grandmother 5
green 9
grey 9
groceries 38
grocery store 37
ground floor 12
guinea pig 45
guitar 43
gymnastics 31

H

hair 7
hairbrush 20
hairdresser 47
hairdryer 20
half past nine 55
hall 13
ham 18
hamster 44
hand 7
handstand 3
to be happy 11
hare 44
hat 9
head 6
heat 49
hedge 25
hedgehog 50
helicopter 37
hen 45
hiding place 48
home 12
honey 19
horse 44
house 3, 12
hungry 26
to hurry 55

I

ice 51
ice cream 39, 49
ice skate 51

J

jacket 9
jam 19
January 28, 51
jigsaw puzzle 15
judo 42
juice 18
July 28, 49
to jump 31
June 28, 49

K

kangaroo 45
kindergarten 30
kitchen 12, 16
kite 50
knee 7
knife 16

L

lamp 23
lawn 12, 25
leaf 31, 46, 50
leaves 50
leg 7
lemonade 18
letter 33
letterbox 35
lettuce 25
lion 45
lioness 45
living room 13, 22
long 57
to look for 48
lorry 36
loud 57
lunch 26

M

magazine 38
to mail 35
man 2
map 32
March 28, 48
market 36
market place 36
May 28, 48
meadow 49
midday 26
milk 19
mirror 20
Monday 28
monkey 44
monument 36
moon 27
morning 26
mother 4
motorcycle 36
mouth 6
mouth organ 43
to move out 4
mushroom 46
music 43

N

neck 6
necklace 15
nephew 5
niece 5
night 27
nightgown 8
nine 54
nineteen 54
nose 7
note 43
November 28, 50
numbers 54
nurse 47

O

oaktree 46
October 28, 50
old 5, 57
one 54
one hundred 54
one thousand 54
onion 25
opposites 57
oven 16

P

to paint 30
painter 47
panholder 17
park 36
parcel 35
path 13
patio 12
pavement 3
pen 32
pencil 32
pencil sharpener 32

pepper 18
percussion 43
to phone 35
phone box 35
piano 43
picture 22
pig 44
pillow 14
pink 9
pirate flag 30
plants and trees 46
plate 17
to play 3, 15
playground 40
to play hide and seek 41
policeman 47
pond 24
poster 34
post office 35
pot 16
potato 19, 25
pram 35
present 5
professions 47
proud 10
puddle 31
pullover 8
pupil 32, 33
purple 9
pyjamas 8
pyramid 56

Q
to queue 34
quiet 57

R
rabbit 44
rack 38
to raise your hand 33
rake 25
recorder 43
rectangle 56
red 9
remote control 22
rhinoceros 45
rice 18
right 33
roof 12
room 14
rose 46
rubber 32
ruler 32
to run 31

S
sad 10
salt 18
sandpit 40
Saturday 28
sausage 19
scales 21, 38
scarf 8
school 32
schoolbag 32
scissors 30
sea 7
seagull 6
seasons 29
seesaw 40
September 28, 50
seven 54
seventeen 54
shade 49
shapes 55
shaver 21
sheep 45
sheet of paper 30
shelf 17
shirt 8
shoes 9
shop window 34
short 57
shorts 9
shoulder 7
shower 21
shrub 48
sieve 17
to sing 43
sink 17
sister 4
to sit 22, 41
six 54
sixteen 54
skin 7
to skip 31
skirt 8
skis 51
sky 7
sledge 51
to sleep 27
slide 41
slippers 8
small 57
snake 45
snow 51
snowball 51
snowman 51
soap 21
soccer 42
socks 9
sofa 22
somersault 31
son 4
soup ladle 16
sponge 33
spoon 16
sports 42
spring 29, 48
square 56
squirrel 50
stairs 13
star 27, 56
station 37
sticky tape 30
to stir 16
stockings 8
stone 24
to stop 34
storm 50
stove 16
straight 57
strawberry 25
street 2, 36
street musician 35
study 12
summer 29, 49
Sunday 28
sunflower 46
sun lotion 49
sunrise 26
sunset 27
sunshade 24
supermarket 38
to be surprised 11
swimming 42
swimming pool 49
swing 24, 40
to swing 40
switch 23

T
table 22
table cloth 26
to take a walk 35
tap 21
tasty 34
tea 19
teacher 33
to tease someone 41
tea towel 16
teddy bear 15
telephone 23
television set 23
ten 54
tennis 42
tennis racket 42
thin 57
to think 33
thirteen 54
to be thoughtful 11
three 54
to throw 31
Thursday 28
ticket 34
tiger 44
tights 9
time 55
tin 38
toaster 17
toe 6
toilet 20
toilet brush 20
toilet paper 20
tomato 25
tongue 7
toothpaste 20
tortoise 23, 44
towel 21
town 34
toy box 15
traffic light 37
traffic sign 36
train 15
transverse flute 43
tree 2, 24, 46
tree house 24
treetrunk 46
triangle 56
tricycle 41
trolley 38
trousers 9
trumpet 43
Tuesday 28
tulip 46
tummy 6
tummy button 6
twelve 54
twenty 54
twig 46
twins 2
two 54

U
uncle 5
underpants 8

V
vegetable 38
vegetable patch 25
vest 8
violin 43

W
to wait 34, 37
to wake up 26
wall 13
wallet 39
wallpaper 22
wardrobe 15
warm 57
washbasin 20
washcloth 21
wastepaper basket 15
water 19, 49
watering can 24
wedding cake 34
Wednesday 28
wet 21
white 9
wind 50
winter 29, 51
woman 3
wooden brick 14
woollen hat 8, 51
to write 32

Y
yellow 9
yoghurt 18
young 4, 57

Z
zebra crossing 37
zookeeper 47

In diesem Buch gibt es jede Menge zu lernen. In this book you can learn a lot.

Mrs. Rainbow liebt Farben über alles. Am liebsten würde sie die ganze Welt bunt anmalen.

Kater Nosy ist sehr neugierig. Er steckt seine empfindliche Nase überall hinein.

Lesen kann man fast überall. Und das macht **Birdy** auch.

Lucy und Emily sind Zwillinge. Sie sehen sich wirklich sehr ähnlich. Gut, dass Lucys Lieblingsfarbe Rot ist. Emily mag Grün.